Ein Tribut an Julian Brandt

Eine illustrierte Biografie

Julian Brandt wurde am 2. Mai 1996 in Bremen geboren. Der Offensivspieler verließ bereits im Jugendalter seine Geburtsstadt und kam über den VfL Wolfsburg zu Bayer 04 Leverkusen, wo er sich im Profifußball durchsetzte und deutscher Nationalspieler wurde. Er gewann zudem mit der Olympia-Auswahl bei den Olympischen Sommerspielen 2016 die Silbermedaille. Seit der Saison 2019/20 spielt er für den Bundesligisten Borussia Dortmund. Nachfolgend werden wir den Weg dieses Ausnahmetalents mitverfolgen.

Im Bild: Julian Brandt 2011 beim U15-Länderspiel Deutschland - Portugal

adidas
20

Vereinskarriere - Anfänge

Brandt begann seine Karriere in den Jugendmannschaften des SC Borgfeld und des FC Oberneuland. Zur Saison 2011/12 wechselte er in das Nachwuchsleistungszentrum des VfL Wolfsburg. Bereits mit 15 Jahren war er bei seinen ersten U-16-Länderspielen dabei.

Im Bild: Julian Brandt 2011 beim U-16-Länderspiel Deutschland - Schottland

Vereinskarriere - Anfänge

Bei den Niedersachsen wurde er zunächst in der U17 eingesetzt und dort erzielte er in der B-Junioren-Bundesliga 14 Treffer in 25 Spielen. Zur Saison 2012/13 rückte Brandt in die U19 auf.

Im Bild: Julian Brandt 2012 beim U-17-Länderspiel Deutschland - Bulgarien

Kappa
13
adidas
21

Vereinskarriere - Anfänge

In seiner ersten Saison in der A-Junioren-Bundesliga erzielte er in 23 Spielen in der regulären Saison 13 Tore. In der Endrunde, an deren Schluss Brandt mit seinem Team die Meisterschaft im Finale gegen Hansa Rostock gewann, erzielte er ein weiteres Tor in drei Einsätzen.

Im Bild: Julian Brandt 2012 beim U-17-Länderspiel Deutschland - Bulgarien

adidas
21
DFB

Bayer 04 Leverkusen

In der Hinrunde der Saison 2013/14 markierte er in 14 Spielen sechs weitere Treffer. Zur Winterpause der Spielzeit 2013/14 wechselte Brandt zu Bayer 04 Leverkusen. Er unterschrieb einen bis zum 30. Juni 2019 laufenden Profivertrag.

Im Bild: Julian Brandt 2013 mit seinen Mannschaftskameraden beim Spiel Bayer Leverkusen - Dinamo Zagreb

Bayer 04 Leverkusen

Am 15. Februar 2014 (21. Spieltag) kam er bei der 1:2-Niederlage im Heimspiel gegen den FC Schalke 04 zu seinem ersten Bundesliga-Einsatz, als er in der 82. Spielminute für Heung-Min Son eingewechselt wurde.

Im Bild: Julian Brandt 2014 während des Spiels Bayer Leverkusen - Schalke 04

Bayer 04 Leverkusen

Am 18. Februar 2014 gab er sein Europapokaldebüt im Achtelfinalhinspiel in der Champions League gegen Paris Saint-Germain, in dem er zur zweiten Halbzeit eingewechselt wurde.

Im Bild: Julian Brandt 2014 während des Spiels Bayer 04 Leverkusen - Paris St. Germain

B04

Bayer 04 Leverkusen

In seinem siebten Bundesligaspiel für Leverkusen erzielte er bei der 1:2-Niederlage im Auswärtsspiel beim Hamburger SV am 4. April 2014 (29. Spieltag) mit dem Treffer zum 1:1 in der 58. Minute sein erstes Bundesligator.

Im Bild: Julian Brandt 2014 während des Spiels Hamburger SV - Bayer Leverkusen

19
27

Nationalmannschaft

Am 17. Mai 2016 wurde Brandt von Bundestrainer Joachim Löw erstmals für die A-Nationalmannschaft nominiert. Er gehörte zu den 27 Spielern für den vorläufigen DFB-Kader für die EM in Frankreich.

Im Bild: Julian Brandt 2017 während des Spiels Deutschland - Aserbaidschan

Nationalmannschaft

Am 29. Mai 2016 gab er sein Debüt im Freundschaftsspiel gegen die Slowakei, in dem er zur zweiten Halbzeit für Mario Gómez eingewechselt wurde. In den endgültigen EM-Kader wurde er jedoch nicht übernommen.

Im Bild: Julian Brandt 2016 während des Spiels Deutschland - Slowakei

COMMERZBANK
18
24
24

Nationalmannschaft

Am 15. Juli 2016 erhielt Brandt die Berufung in den Kader des DFB für die Olympischen Sommerspiele in Rio de Janeiro. In allen sechs Spielen wurde Brandt über die volle Spieldistanz aufgeboten und gewann am Ende mit der DFB-Auswahl die Silbermedaille.

Im Bild: Julian Brandt 2016 bei der Siegerehrung nach dem Finale gegen Brasilien

GORETZKA
10
Rio2016

Nationalmannschaft

Er erzielte zwar keinen Treffer, war aber an neun der 22 Tore des Turniers als Vorbereiter beteiligt. Im Viertelfinale gegen Portugal wurde er zum Spieler des Spiels gewählt. Am 1. November 2016 wurde ihm gemeinsam mit der Olympischen Fußballmannschaft das Silberne Lorbeerblatt verliehen.

Im Bild: Julian Brandt 2016 beim Spiel Deutschland - Portugal

Bayer 04 Leverkusen

Am 7. Dezember 2016 erzielte er im Heimspiel gegen den AS Monaco mit dem 2:0 sein erstes Champions-League-Tor. Ab der Saison 2016/17 gehörte er endgültig zu den Stammspielern. Sein Vertrag bei Bayer 04 Leverkusen wurde Anfang April 2018 vorzeitig bis Mitte 2021 verlängert.

Im Bild: Julian Brandt 2017 beim Spiel Bayer 04 Leverkusen - Celta Vigo

JAKO
Barmenia
Versicherungen
10
JAKO
B04

Nationalmannschaft

Brandt wurde für die Länderspiele im Juni und Juli 2017 einschließlich des Confed Cups in Russland in den Kader der deutschen Nationalmannschaft berufen. Beim 7:0-Sieg gegen San Marino im Qualifikationsspiel für die WM 2018 am 10. Juni 2017 erzielte er sein erstes Tor für die A-Nationalmannschaft.

Im Bild: Julian Brandt 2017 beim Spiel Deutschland - San Marino

Nationalmannschaft

Beim anschließenden Konföderationen-Pokal kam er in drei von fünf Spielen zum Einsatz und gewann mit Deutschland durch einen 1:0-Finalsieg gegen Chile den Titel. Für die Weltmeisterschaft 2018 wurde er in den endgültigen Kader berufen. Sein WM-Debüt gab er im ersten Gruppenspiel bei der 0:1-Niederlage gegen Mexiko, als er in der 86. Minute für Timo Werner eingewechselt wurde.

Im Bild: Julian Brandt 2018 beim Spiel Deutschland - Mexiko

20

Nationalmannschaft

Auch in den beiden anderen Gruppenspielen der Weltmeisterschaft wurde Brandt spät eingewechselt - gegen Schweden und Südkorea kam er jeweils in der 87. bzw. 78. Minute für Jonas Hector aufs Feld. Nach der Gruppenphase belegte Deutschland den letzten Platz und schied damit erstmals in der Geschichte des Deutschen Fußball-Bundes in der Vorrunde einer Weltmeisterschaft aus.

Im Bild: Julian Brandt 2018 beim Spiel Südkorea - Deutschland

FIFA
HYUNDAI
HYUNDAI

Bayer 04 Leverkusen

In seiner letzten Saison für Bayer lieferte Brandt die meisten Torvorlagen und hatte als Antreiber im offensiven Mittelfeld maßgeblichen Anteil am Erreichen des vierten Platzes, mit dem sich die Mannschaft für die Champions League qualifizierte.

Foto: Julian Brandt im Trainingslager für die Saison 2017/2018

Barmenia
Versicherungen

Bayer 04 Leverkusen

Im Rahmen von Football Leaks wurde bekannt, dass Brandts Vater Jürgen im Zuge der Vertragsunterzeichnung mit Bayer Leverkusen selbst einen Vertrag mit dem Verein ausgehandelt hatte, der ihm zunächst 300.000 Euro und für jede weitere Saison, die sein Sohn in Leverkusen spielte, jeweils bis zu 250.000 Euro einbringen sollte.

Im Bild: Julian Brandt 2019 beim Spiel Borussia Dortmund - Udinese Calcio

EVONIK
BVB
09
19

Borussia Dortmund

Zur Saison 2019/20 wechselte Brandt zu Borussia Dortmund. Er unterschrieb einen Vertrag bis zum 30. Juni 2024. Im August 2019 gewann Brandt seinen ersten Titel mit dem Verein, als der Double-Gewinner der Vorsaison, der FC Bayern München, im DFL-Supercup mit 2:0 besiegt wurde.

Im Bild: Julian Brandt 2019 beim Spiel Borussia Dortmund - Inter Mailand

Borussia Dortmund

Am ersten Spieltag stand der Mittelfeldspieler nach einer Einwechslung erstmals für den BVB in der Bundesliga auf dem Platz und erzielte den Treffer zum 5:1-Endstand gegen den FC Augsburg.

Im Bild: Julian Brandt 2020 beim Training des BV. Borussia 09 e.V. Dortmund

BVB
09
DERBYSTAR

Borussia Dortmund

Cheftrainer Favre setzte den Norddeutschen, der aufgrund des höheren Leistungsniveaus mit Anpassungsschwierigkeiten zu kämpfen hatte, zunächst auf den Flügeln ein, bis er schließlich im Mittelfeld die Rolle fand, die er schon in Leverkusen überzeugend ausfüllte und die eigentlich Mario Götze vor seinem Leistungstief innehatte.

Im Bild: Julian Brandt 2020 beim Spiel Borussia Dortmund - Hertha BSC

Borussia Dortmund

Mal zentral, mal offensiv war Brandt, der sich ab November 2019 als Stammspieler etablieren konnte, schnell ein Fixpunkt im Spielaufbau der Mannschaft. Während Mitspieler wie Axel Witsel hinten für Ruhe und Ordnung sorgten, war es Brandts Aufgabe, offensive Akzente zu setzen und die Stürmer und Flügelspieler zu bedienen.

Im Bild: Julian Brandt 2020 beim Spiel FC Augsburg - Borussia Dortmund

Borussia Dortmund

Nach dem verletzungsbedingten Ausfall von Kapitän Marco Reus übernahm die Offensivspieler auch dessen wichtige Position als letzter Mann hinter dem meist allein agierenden Stürmer.

Im Bild: Julian Brandt 2020 beim Spiel RB Leipzig - Borussia Dortmund

EVONIK
FENGER

Borussia Dortmund

Mit dem BVB wurde er Vizemeister und sammelte 20 Scorerpunkte. Zwischen Sommer und Winter 2020 kam Brandt häufig nur als Einwechselspieler zum Einsatz.

Im Bild: Julian Brandt 2020 beim Spiel SV Werder Bremen - Borussia Dortmund

BVB
09
EVONIK

Borussia Dortmund

Favre setzte ihn sowohl im zentralen als auch im offensiven Mittelfeld ein, wechselte ihn aber auch auf den Flügel und aufgrund einer Verletzung von Erling Haaland sogar in die Sturmspitze.

Im Bild: Julian Brandt 2020 beim Spiel Borussia Dortmund - SC Freiburg

BVB
09
EVONIK

Borussia Dortmund

Diese Rotation war unter anderem auf die Rückkehr von Marco Reus sowie auf eine starke Vorbereitung von Neuzugang Jude Bellingham und Nachwuchsspieler Giovanni Reyna zurückzuführen.

Im Bild: Julian Brandt 2020 beim Spiel Borussia Mönchengladbach - Borussia Dortmund

Postbank

Borussia Dortmund

In 22 Spielen kam Brandt, der nicht mehr richtig ins Spiel zu finden schien, so nur auf zwei direkte Torbeteiligungen, nach der Winterpause saß er nach dem Wechsel von Lucien Favre zu Edin Terzić sogar erstmals über die volle Spielzeit auf der Bank.

Im Bild: Julian Brandt 2020 beim Spiel Borussia Dortmund - FSV Mainz 05

19
BVB
09
EVONIK

Borussia Dortmund

Im Gegensatz zur Vorsaison identifizierte der Spiegel die Rolle des Spielers als „Freigeist und Individualist“ nun als seine Schwäche.

Im Bild: Julian Brandt 2020 beim Spiel FC Augsburg - Borussia Dortmund

EVONIK

Borussia Dortmund

Zu viele Ballverluste seinerseits hatten bereits im Vorjahr zu vielen Gegentoren geführt, nach einer erfolgreichen Umstellung von Favre auf ein defensiveres Spielsystem erhielt Brandt dann neben Bellingham auch Axel Witsel, Thomas Delaney und Reyna den Vorzug in der Mittelfeldzentrale.

Im Bild: Julian Brandt 2020 beim Spiel Bayer 04 Leverkusen - Borussia Dortmund

EVONIK
19
KIESER

Borussia Dortmund

Die beiden ehemaligen Nationalspieler Michael Ballack („Er macht viel zu wenig aus seinen Möglichkeiten“) und Dietmar Hamann („Es ist frustrierend, dass ein so talentierter Spieler seit einigen Wochen überhaupt keine Spiele mehr macht“) äußerten sich zu Brandts Formkrise.

Im Bild: Julian Brandt 2020 beim Spiel SV Werder Bremen - Borussia Dortmund

BVB
09
EVONIK

Borussia Dortmund

Mit den Worten „Wir wissen alle, dass Julian besser spielen kann, als er es zuletzt getan hat. (...) Wir hoffen, dass Brandt bald wieder die alte Sicherheit hat in seinem Spiel, die ihn ausgezeichnet hat.“ wurde Dortmunds Sportdirektor Michael Zorc hingegen deutlicher.

Im Bild: Julian Brandt 2020 beim Training von Borussia Dortmund

1&1
BVB
09
DERBYSTAR

Borussia Dortmund

Die daraus resultierenden Wechselgerüchte dementierte Zorc dann auch im Vorfeld des 15. Spieltages, nachdem beispielsweise der FC Arsenal ein generelles Interesse bekundet hatte.

Im Bild: Julian Brandt 2021 beim Spiel Borussia Dortmund - Bayer Leverkusen

JAKO
38
DORTMUND

Borussia Dortmund

Nach Nominierungen in drei aufeinanderfolgenden Halbserien hat der Kicker Brandt in der Saison 2020/21 nicht in seiner Rangliste des deutschen Fußballs berücksichtigt.

Im Bild: Julian Brandt 2021 beim Spiel 1. FSV Mainz 05 - Borussia Dortmund

BVB
09
1&1
BUNDESLIGA
19

Borussia Dortmund

Mit dem BVB gewann er die letzten sieben Bundesligaspiele, wobei er in einem Spiel nicht zum Einsatz kam, und sammelte zwei Scorerpunkte.

Im Bild: Julian Brandt 2021 bei der Pokalübergabe nach dem Sieg gegen RB Leipzig

Borussia Dortmund

Neben der erneuten Qualifikation für die Champions League gelang dem Offensivspieler mit seinen Mannschaftskameraden auch der Gewinn des DFB-Pokals. Im Finale reichte es allerdings nur zu einer taktischen Einwechslung eine Minute vor Spielende.

Im Bild: Julian Brandt 2021 beim Spiel Borussia Dortmund - Holstein Kiel

DERBYSTAR
EVONIK

Nationalmannschaft

Im November 2022 wurde Brandt von Bundestrainer Hansi Flick in den Kader für die Weltmeisterschaft in Katar berufen. Im offensiven Mittelfeld hatte er gegen Thomas Müller, Kai Havertz und Mario Götze das Nachsehen und kam in der Mannschaft, die nach der Gruppenphase ausschied, nicht zum Einsatz.

Im Bild: Julian Brandt 2022 beim Spiel Spanien - Deutschland

Erfolge

Auf internationaler Ebene kann Brandt folgende Erfolge vorweisen:
- U17-Vize-Europameister 2012
- U19-Europameister 2014
- Olympischer Silbermedaillengewinner 2016
- Sieger des FIFA Konföderationen-Pokals 2017 mit der A-Nationalmannschaft

Im Bild: Julian Brandt 2022 beim Spiel Oman - Deutschland

Erfolge

Auf nationaler Ebene konnte Brandt bisher folgende Auszeichnungen erringen:

- Deutscher A-Juniorenmeister 2013 mit dem VfL Wolfsburg
- DFL-Supercup-Sieger 2019 mit Borussia Dortmund
- DFB-Pokalsieger 2021 mit Borussia Dortmund

Im Bild: Julian Brandt 2023 beim Spiel Borussia Dortmund - Borussia Mönchengladbach

BVB
09
1&1
19

Brandt wurde für die Monate Januar und Februar 2023 zum Spieler des Monats der Fußball-Bundesliga gewählt und hält den Rekord als Einwechselspieler mit dem frühesten Bundesliga-Tor.

Seine zahlreichen Erfolge auf Vereins- und internationaler Ebene haben Brandt zu einem der angesehensten Fußballspieler seiner Generation gemacht. Doch sein Erfolgshunger und seine Leidenschaft für den Sport sind noch lange nicht gestillt. Wir sind gespannt, wie seine Karriere weitergeht.

Im Bild: Julian Brandt 2023 beim Spiel Borussia Dortmund - Borussia Mönchengladbach

PUMA
BVB
09
1&1

Impressum

Für Fragen und Anregungen: 27AmigosVerlag@gmail.com

L. Willnauer
Marktstrasse 10
80802 München

Texte vom Autor und teilweise aus: Wikipedia, Die freie Enzyklopädie. URL: https://de.wikipedia.org/

Dieses Buch wurde vom Künstler oder Management nicht autorisiert.

Printed in the EU

ISBN 978-3-7505-3753-8

Bildnachweise

imago sportfotodienst; imago sportfotodienst; imago sportfotodienst; imago sportfotodienst; imago/Moritz Müller; imago/Moritz Müller; imago images/Fotostand; imago/MIS; imago/DeFodi; imago/Team 2; imago/Rene Schulz; imago/Fotoarena; imago/Herbert Bucco; imago/kolbert-press; imago/Moritz Müller; imago/Matthias Koch; imago/Team 2; imago images / Kirchner-Media; imago images/Revierfoto; imago images/Poolfoto; SVEN SIMON-Groothuis-Witters; imago images/MIS; Kevin Voigt/Jan Huebner/Pool; imago images/Noah Wedel; imago images/Team 2; imago images/Mika Volkmann; imago images/Langer; imago images/Xinhua; imago images/Chai v.d. Laage; imago images/RHR-Foto; imago images/Kirchner-Media; Copyright by Moritz Mueller; imago images/HMB-Media; imago images/Team 2; Copyright RHR-FOTO; IMAGO/Laci Perenyi; IMAGO/Ulmer/Teamfoto; IMAGO/osnapix; IMAGO/Kirchner-Media